BRÈVES PENSÉES

Tome 1

TABLE DES TEXTES   Page

OÙ EST DONC LE FUTUR ?

Quand j'ai ouvert mes bras,
Quand j'allais l'embrasser,
Mon ombre ressemblait
A celle d'une croix.

Ensemble nous voulons
Faire un bout de chemin,
Ecrire une chanson,
Mais que sera demain ?

Comme beaucoup l'on croit
Serrer là le bonheur,
Durant ces quelques heures,
Peut-être qu'on le broie.

Oh, quel sera le prix
De provoquer la chance
A ce nouveau pari
Qui entre nous deux danse ?

Et combien de sanglots
Nouveaux sur ma guitare
Acquerront leurs bravos
A tous nouveaux départs ?

Les quelques mots suivants,
Par Georges écrits avant,
Vont là tout résumer
Puis dans l'oubli tomber.

" Ce qu'il faut de regrets
Pour payer un frisson ",
Ce qu'il faudra s'aimer
Pour vivre cette union.

" Ce qu'il faut de malheur
Pour la moindre chanson ",
Où chantent le bonheur
Nos cœurs à l'unisson.

" Ce qu'il faut de sanglots
Pour un air de guitare ",
Le vent, le ciel et l'eau
Ont souvent du retard ;

De tous ces vers pourtant,
Quand tu es loin de moi,

L'amour est bien plus grand,

Ton sourire vaincra.

À PORTÉE DE CHACUN

C'est le bonheur, la joie, ou même la tendresse ;
C'est de bons souvenirs ou un instant heureux ;

N'est-ce simplement que la chance de la vie ?

Tout ceci bien souvent à portée de chacun,

Quand chacun n'ose pas ou ne pense à les prendre.

OUI, MAIS QUAND ?

Jusqu'où vivront donc les nuances
Entre le rouge, entre le pâle,
Et lorsque le soleil se couche
Quand mer et ciel viennent se fondre ?

Je suis serein sur cette plage
Où déferlent les souvenirs
Quand chaque vague me rappelle
Que le bonheur va revenir,

Et lorsque chaque vague efface
L'image de la précédente ;

Quand chaque vague sur mon corps
Est un instant où je t'invente.

Mais où donc mènent ces barrières
Qui séparent le ciel et l'eau,
Lointain fuyant où les nuages
Pèsent et se brisent sur l'eau claire ?

Quand tout va se remettre en place,

Quand les décisions seront prises,

Quand reviendra l'ordre immuable,

...

Reprendrons-nous les choses en main ?

LES VOILES DE L'AUTOMNE

Perdus dans les nuages,
Dans les chagrins d'ennuis ;

Quand l'absence surnage
Sur la mer souvenirs ;

Ils recherchent le phare
Et le port d'aujourd'hui
Où se créera l'image
Apaisant leurs envies.

Lorsque nous serons vieux

Nos étés sembleront

Les automnes pluvieux

Du temps des tentations.

ET POURQUOI ?

Qu'as-tu toi qui as tout
Ce que tu n'as voulu ;
Toi qui vas perdre tout
Espoir pour le vécu ?

Quand tu auras passé
Et refermé la porte
Des regrets espérés
Tes espoirs seront morts.

Certes tu marcheras ;
Derrière est le couchant ;
Et tu continueras
Car tout est prêt devant.

Accepter sans comprendre,
Ne rien désirer d'autre,
Etre heureux du plaisir
D'être dans l'ignorance !

SI TU SAVAIS COMBIEN DE FOIS

Si tu savais combien de fois
Je sens ma gorge se serrer,
Et mes entrailles se nouer
Sans qu'on le sache autour de moi.

C'est comme un petit caillou blanc,
Entre la chair et le tissu,

Quand chaque pas use un peu plus
La chair vive couleur de sang.

Quand tu es bien trop loin,
Trop loin sur le chemin,

Et que tu vois monter
Le désert du passé, …

Si tu savais combien de fois
J'aurais voulu renaitre un peu ;

Plonger et me bruler au feu
De la Vie pour m'en souvenir ;

Commencer pour pouvoir finir ;

Si tu savais combien de fois,

…

… Si tu savais …

DERRIÈRE LA PORTE

Qu'y a-t-il derrière la porte
Perçant ce mur où les lézards
Jouent des reflets en une sorte
De jeu sans fin né du hasard ?

Entre les murs étroits
De ce refuge noir,
Ils étaient aux abois
Avant que de se voir.

Le soleil s'est couché
Sur l'étendue des champs de blé ;

Sur la brise chargée
Qui les a fait se rencontrer.

Maintenant enlacés,
Dans leurs yeux transparaît,
Sous des draps blanc-cassé,
Le plaisir du secret ;

Du secret partagé
De ceux qui vont s'aimer ;

Entre leurs corps serrés
Sentir s'abandonner
Leurs êtres au mouvement
Perpétuel des sens.

Combat contre le temps
Quand la vie prend naissance.

Ils se sépareront,
Puis se réuniront,
Et inlassablement.

Ils en oublient le temps.

Quand sera achevé
Ce pourquoi éternel,
Ils vont recommencer
Les gestes habituels ;

Et les mains dans leurs poches
Retrouveront la rue ;

Ces inconnus si proches,
Ces images aperçues.

Sous leurs pas les pavés,
Entre les murs serrés,
Vont alors résonner
Du poids de leurs pensées.

...

Mais très vite la foule
S'en va les engloutir ;

Et portés par la houle
Ils s'en iront mourir   ...

Chacun n'est plus qu'un point
Fuyant vers l'infini ;

Quand chacun n'est plus rien ;

Lorsque tout est fini.

L'image a disparu,
Et au profit du vide
L'écran est mort vaincu, …

… Mort bien avant les rides.

LA VIE N'ATTEND QUE TOI

La Vie n'attend que Toi,
Ami, mais où es-tu ?

J'ai regardé la rue
Et j'ai fouillé les toits,

Mais tu n'y étais pas,
La Vie seule était là.

J'ai tourné dans le bois,
Rampé sous les buissons,
Du sol chaque sillon
Sous mon regard passa,

Mais tu n'y étais pas,
La Vie seule était là.

Quand j'ai levé la tête
Où les oiseaux piaillaient,
Chaque feuille animée,
Comme les arbres, certes,

Mais tu n'y étais pas,
La Vie seule était là.

J'ai marché dans la nuit
Et sous les réverbères,
Vu la faible lumière
Où le caniveau luit,

Mais tu n'y étais pas,
La Vie seule était là.

Puis j'ai vu la montagne
Avec le vent qui souffle,
Vu le fleuve aux eaux troubles,
Et l'argent que l'on gagne,

Mais tu n'y étais pas,
La Vie seule était là.

Ne restait que la mer
Que je n'avais pas vue.

Ainsi donc je m'en fus
Voir les moutons bleu-verts,

Mais tu n'y étais pas,
La Vie seule était là.

Seul, couché sur le sable,
Visitant chaque grain

De mes yeux mais en vain,
J'étais seul sur le sable

Mais tu n'y étais pas,
La Vie seule était là.

Ni sur les quais du port,
Pas plus sur la jetée
Qu'au creux de ses rochers ;

Du sud j'allais au nord,

Mais tu n'y étais pas,
La Vie seule était là.

Perdu, j'en étais là.

Partout j'avais cherché
En te croyant caché
Dans l'air ou sous les toits,

Mais tu n'y étais pas,
La Vie seule était là.

J'ai regardé au loin.

Lorsque la nuit tombait
Les vagues du passé

Roulaient sur mon chagrin,

La mer seule était là,
Mais tu n'y étais pas.

Cette eau mouillant mes pieds
La nuit m'enveloppa,
Le passé me parla,
Le rêve m'éveillait ;

La mer seule était là,
Mais je sentais tes pas.

Paroles du passé
Me parlèrent de Toi ;

Ce que tu n'as pas fait,
Ce que tu regrettas ;

La mer seule était là,
Mais je sentais tes pas.

Des images de rêve,
D'aucun réalisé ;

Envies toutes manquées
Quand tu n'as plus de sève ;

La mer seule était là,
Mais j'étais avec Toi.

Non, tu n'es plus sur terre,
Seul ton corps est resté.

La vie ne t'a trouvé
Et le passé t'espère.

De cesse de chercher,

Peut-être es-tu ...

...., la Vie !

UN LIEN SECRET SE CRÉE

C'est un peu de sable collé
Par quelques gouttes de résine,

Et quelques lettres dessinées
Sur cette vitre cristalline.

Un peu de fumée sur tout ça,
Et un regard vers ton sourire ;

Attention !, ne le coupe pas !

Trop tard, ce sable est si fragile.

Cherchant le miroir je te vois.

Si tu savais ce que tu sais,
Si tu savais vraiment, je crois
Que tu voudrais t'en approcher.

Une tortue ailée,
Par dessus la cascade ;

La sculpture est montée ;

C'est vraiment formidable.

Tu sais que j'aimerais,
Je sais que tu voudrais
Si tu savais vraiment
Le pourquoi de l'Instant.

Laisse donc le temps se signer
Sur cette vitre cristalline ;

Demain sans aller le chercher,
Le soleil saura bien sourire.

LA BOULE AU BOUT DU FIL

Ça va mal se finir.

Partie de bilboquet

D'une vie sans plaisir

Quand l'un trop fatigué.

Tu peux te noyer de rosé,

Tu peux fumer comme un pompier,

Tout essayer pour oublier ;

Tu ne sauras jamais nager.

TRAVAILLER

POUR POUVOIR

TRAVAILLER

Oublié, le départ

Quand l'horloge a sonné,

Quand la vie a fermé

Sa porte et ses volets

Sur l'être d'un passé

Trop mal assimilé

Par cette humanité.

Les femmes et les enfants,

Mais les femmes d'abord.

LE CUL COMME MOTEUR ;

COMME BASE ...   ... SOCIALE.

TROP DE POUVOIR À QUI

NE PEUT TOUT L'ASSUMER.

LE CALME EST PRIVILÈGE,

ET LE MONDE STRESSÉ ;

C'EST UN ÉTAT D'ESPRIT :

« L'ÉQUILIBRE INTÉRIEUR »

LE PROPRE DES SOURIS

RESTERA DE RONGER ;

LE PROPRE DE L'USURE

RESTERA DE CASSER.

FACE AU NÉANT

IL N'Y A PAS DE BUT,

SEULEMENT LE PRÉSENT.

CESSE DE DIRE « ZUT ! »

ET VIS ENFIN LE TEMPS.

ON EST ENSEMBLE,

PARTIES D'UN MÊME TOUT ;

NON DEUX CAMPS

FACE À FACE.

À DENISE

Profiter de l'instant

Sans penser à demain

Et ne pas regretter

Ce que l'on n'a pas fait ;

Flâner un peu

Sur aujourd'hui

Sans l'assurance

De l'argent.

Si l'on y pense bien,

Nous pouvons tous autant
Jouir de nos desseins,
L'état de fait aidant ;

Si l'on y pense bien,

Nous avons tous autant
De plaisir en nos seins
Pour exhaler l'encens.

EUX, LA MAJORITÉ

Ce sont eux qui ont raison,
Et raison de s'en foutre ;

Ca va, ca vient, s'en vont.

Ce sont eux qui ont raison,
Et raison de s'en foutre,

Sans cas du mal qu'ils font.

Qu'importe la musique,
Pourvu qu'il soit le son ;

Peut importent leurs faits
Du moment qu'ils y vont.

MOMENT PRÉCIEUX

Échoué dans un bar
Seul derrière une table,

Et personne au comptoir
Quand ces moments m'accablent.

Je re-bourre ma pipe
Et prend les allumettes ;

Je rallume ma pipe
Et jette l'allumette.

Mon esprit a gardé
Ton corps entre mes doigts
Et mes yeux le regardent ;

Tu vois,

..., je pense à Toi.

COMME UNE BÊTE TRAQUÉE

De gros flocons tombent des yeux
D'un corps vivant, et déjà froid,
Émanation en gel pluvieux
De sa substance et ses émois.

Brumes de l'ermite social
Qui aurait voulu partager
Tant dans un monde trop en mal
D'Amour, de joie et d'amitié.

Coincé loin des communautés
Sachant toujours vivre l'instant,

Il se débat pour fusiller
Enfin l'état des « soit disant ... »

Traqué par les « à priori ... »

Et dans sa tanière cernée
Par des générations de vies
Non révolues, ...

         ..., Bien entamées.

.

TROP DE BIEN-ÊTRE ?

Par habitude du bien être

La trop grande facilité

Ne vient rendre que plus pénible

    Ce qui n'est en fait que normal.

AUJOURD'HUI

Un tout;

Ses limites ne sont
Qu'illusoires et réelles ;

Un instant dans le son
De la suite éternelle
De ces jours infinis
Par le manque d'un rien.

C'est toi ;

L'éphémère incertain
Par la non-assurance,

Par la fragilité,

Le soleil du matin,

L'instant face au néant.

La soie de tes cheveux
Dans le creux de mon bras
Vient effleurer ma peau ;

J'aime ça ;

Je suis bien.

A S

Et j'ai pleuré devant la scène
Tant tu devais y être aussi ;

Et j'ai pleuré de ton absence
Tant je t'aimerais par ici.

Les guitares accordées,
Les six joueurs chantaient.

Je te sentais ici
Mais tu n'y étais pas.

Cette présence absente
M'a fait ce soir si mal.

La Poésie devrait charmer
Mais je te parle franchement.

SUR LA VIE

Est ce trop compliqué

Pour nos pauvres cerveaux ;

Ou serait-ce trop simple

Pour de trop grosses têtes ?

LA LIBERTÉ ?

La liberté tout comme un trou,
Si plein de vide et d'illusions ;

Qui volontaires ou qui passifs,
 En arc-en-ciel artificiel ?

Voici la pelle du besoin
Qui revient creuser le fossé,
Faisant tomber les équités
Victimes de besoins vitaux ;

Qui les abaisse, en libérant ?,
Qui valorise, emprisonnant ?

Quand le risque est trop grand
C'est le sérieux qui prend.

DANS L'INSIGNIFIANT

Au fond de l'insignifiant,

Dans ce qui très peu perceptible

Est le pourquoi fondamental

Que tant n'ont jamais reconnu.

SUR UN INSTANT

C'est la photo d'un flash ;

La marque d'un instant qui signera le jour ;

C'est la pincée d'épices

Rendant à l'éternel quelques instants furtifs.

LE PASSÉ

C'est quelques notes de musique ;

Quelques volutes de fumée,

Plus qu'éphémères et incertaines,

Parties avant de s'envoler.

DES ACTES PERSONNELS,

CE QUI FAIT LA FIERTÉ

RESTE DANS BIEN DES CAS

UN DES GRANDS MAUX SOCIAUX

Ce regard indéfinissable,

Et la surprise d'être deux

Dans les yeux clairs d'un temps passé ;

Le bonheur sur un coup de dé.

HARMONIE DES COULEURS

DANS LE FRACAS DES DRAPS FROISSÉS.

LE HAZARD SERAIT-IL

L'ORGANISATION SI POUSSÉE

DE VIES POURTANT SI SIMPLES ?

SUR LA QUIÉTUDE

Et c'est le calme,

Comme l'instant ;

C'est le repos,

Comme l'esprit.

SUR LES UNS ET LES AUTRES

VOICI L'ARGENT,

QUI DU LIT AU TRAVAIL …

VOICI L'ARGENT,

QUI DU LIT AU PLAISIR …

Rien ne se crée, rien ne se perd ;

Si tu n'as pas trop faim, là tu pourras choisir ;

Si de manquer reste ton lot,

Alors tu le prendras, et ce quoiqu'il en soit.

SUR LA RAISON DE FAIRE

C'est dans chaque acte, cet inutile,
Que vainement il veut trouver
Un peu d'équilibre vital
Et tout juste un brin d'illusion.

Quand les rouages, le temps perdu,
Le manque d'opportunités,
Sont devenus son air ambiant
De tous cotés c'est étouffé.

Croyant entrevoir la lueur,
Il s'en approche, tout au plus vite,
S'étant jusqu'alors trop cogné
Sur celle de la vérité ;

Mais pourtant toujours il y croit,
Et là tente encore une fois
La raison de continuer ; ...

... Pourvu que, ..., pourvu que ...

TOUJOURS SEUL ET PERDANT

Préparé sur les starting-blocks ;
Galvanisé, prêt pour gagner ;
La course folle sur le roc
Où tant vont se briser les dents
Va bientôt pouvoir commencer.

« Surtout ne te laisse approcher,
Essaie toujours d'être premier ;
Victoire vient aux solitaires ;
S'ils sont trop près, montre les dents
Ne te fie pas à leurs sourires. »

MOMENT DE RÉCEPTIVITÉ

Pouvoir poser sa main
Ouverte sur la table ;

Recevoir le soleil
Sans devoir regarder
L'heure et la surveiller

Par la peur du retard.

ENVIE D'AVEC TOI

Envie de musique avec Toi

Sur l'envie de rêve avec Toi.

Quand je te vois seuls sont tes yeux ;

Sous l'habitude ton absence.

Profiter de l'instant

Sans passer

Trop de temps

À chercher.

TROIS OBUS

DROIT AU BUT ;

TROP D'ABUS,

PAS DE BUT.

DES GENS

C'est des gens sympathiques,

    Pour un morceau de papier blanc ;

Ce sont des gens nerveux,

    Trop à cheval sur leur monnaie ;

C'est des gens agressifs,

    Bien trop conscients de trop de risque ;

C'est des gens fatigués,

    Bien trop tôt de vivre trop vite ;

Des gens ne sachant plus,

    Non plus tenir leurs mains ouvertes ;

Car des gens trop crispés

    Sur une vie qui leur échappe.

AU CAFÉ DE LA GARE

Je suis là et j'attends,

Près de l'embarcadère
D'où viennent les pirogues
En ce canal des larmes
Versées sur ton absence.

Je suis là et j'attends.

Ce matin à Lyon,
Ce soir à Besançon,
Et plus tard, Dieu sait où ...

Quand si mal où j'étais,
Ce soir peut être mieux,
J'attends, qui sait, ..., demain ?,

Et peut être, avec toi,
Deviendrais-je enfin moi.

DISTINGUANT L'ÉTERNEL

C'est à travers l'écume de ce vieux devenir

Et de ces jours passés, qui toujours à courir

Après l'on ne sait quoi et l'on ne sait pourquoi,

Que l'on peut quelques fois, dans le creu de l'esprit,

Entrevoir, en ses vagues, l'état d'apaisement,

Où flotterait un air de ce calme léger ;

Évasif, fugitif, et tiré vers le fond

Des oubliettes, immenses, du manque d'habitude.

Quand on peut distinguer un sourire, une main

Tendue, quand il ne tient qu'à nous de la serrer …

Mais qui sait distinguer peut-il faire durer ?

C'est un peu d'herbe,

Et quelques détritus ;

Morceau de toit,
Sur un bruit de moteur ;

Quelques pensées,
Restant toujours les mêmes ;

Dans un temps immobile ;

La rosée qu'on attend,
Sans jamais voir venir ;

Et c'est un temps sans fin
Où dépérit l'instant.

UN RAYON DE PENSÉE À DIJON

Un rayon de soleil nous atteindra bientôt,
Perçant de son éclat les nuages argentés,

Éclairant la nuée de tristes cheminées
Sans fumée ni chaleur, et l'espoir va renaitre.

C'est dans ces vertes pages écrites de rosée,

Près de l'arc triomphant du soldat inconnu
Qui demande « Pourquoi ? »,
                      que l'histoire s'enfonce
Au long des avenues grises au dessous de toits.

Depuis les pentes luit l'ardoise vernissée,
Renvoyant au soleil les rayons de lumière
Qu'il faut aux fleurs plissées pour donner aux abeilles
L'énergie et le cœur qui leur manquait hier.

Quand après le soleil reviennent les nuages
Couvrir cette nuée de tristes cheminées,

Comme un rêve l'espoir de vie va patienter

Au sein des vertes pages en goutte de rosée.

ÇA Y EST, J'Y VOIS !

J'y vois clairement aujourd'hui
Qui je suis et ce que je veux,
Que je désire, le nécessaire,
Tout pour enfin m'épanouir.

Il me faudrait une personne
Accompagnant et partageant
Ce que je suis.

J'aime le folk en général,
Désire sa danse et ses groupes,
J'aime guitare
Et veux l'apprendre,
C'est l'aventure et le nouveau,
Désire vivre et découvrir.

J'aime les gens,
Veux les connaitre.

J'aime l'amour, surtout l'Amour,
Et veux le vivre pleinement.

J'aime le temps, et mes parents ;
J'aime la nature et la ville ;
L'artisanat, cet éphémère ;
Comme l'art et l'irrationnel.

J'aime travailler, rencontrer,
La solitude partagée
Et l'inconnu du lendemain,
Le simple qu'on dit compliqué.

J'aime la vie, tout simplement,
Et je l'ai cherchée si longtemps
Avant que de la découvrir,
De voir ce qui crève les yeux.

DÛ À TROP D'AVANTAGES PRATIQUES

Dans la société de consommation
Très poussée, basée sur la tentation
Par la présentation, l'évolution
Des faits se matérialisent très bien
Au sein de celles des femmes qui se
Font consommer à l'image d'objets
Bien plus que sophistiqués présentés
Dans un emballage si raffiné.

« Apprends à te battre ou à plaire
Selon que tu sois homme ou femme ».

LETTRE À SOPHIE

Dans les abîmes de l'habitude
Il est une corniche cachée
Où l'on peut décider de casser
Les chaines d'un ennui mortifié.

Au fond du creux, c'est un tunnel
Devant lequel on voit passer
Les éclaircies tant désirées
Dans ce monotone éternel.

Tu as besoin de l'éphémère,
Et de revivre le nouveau
Sans l'assurance de demain,
Sans tous les ennuis des « pourquoi »
De cette jeunesse oubliée
Quand vient le soleil du matin.

Une bonne coupure nette,
Et tout comme un coup de soleil
C'est l'inconstant pour dépasser
Cette barrière, et la galère,
Celle où tu vient de t'embarquer
Comme on croit se faire bercer.

Le souvenir et ce passé
Ne sont en eux rien qu'illusoires,
Ils sont tout comme ce futur,
Restant toujours très incomplets.

Vis donc un peu sans trop penser,
Agis donc un peu plus pour toi,
Porte-toi donc enfin toi même,
Vas donc oser, faire et agir.

N'HÉSITONS PLUS

Et pourquoi pas ?

Tant de banalités
Et de mots échangés,
De paroles et d'émois.

Et pourquoi pas ?

Pourquoi pas réunis
Sans les « à priori »
Ou « on ne devrait pas » ...

Et pourquoi pas ?

ATTENDANT LE PRINTEMPS

Sur le tapis des feuilles mornes
Balayé par nos souvenirs
En emportant vers le lointain
Les larmes effilées, le tranchant
Des échecs et des réussites,
Là papillonne, folâtre, l'idée
D'un jaune jardin de jonquilles
Entaché de roses carmin.

Quelques vers à travers
Une haie d'orchidées
Traversent un rayon de soleil
Que murmure un souffle vermeil
Sur les verts bougeons du printemps,
Passé qui t'appelle à renaitre
Au prochain appel de douceur
D'une présence sur laquelle
Apaisés tous pourront compter.

LES MONTRES

L'heureux passe,
Son bras montre
Aux aiguilles
Du cadran

L'in-solaire.

L'heure presse,
Le temps passe,
Et les montres
Nous regardent.

Tourne et tourne
Tête-aiguille
Sur le cercle
Depuis la
Nuit des temps.

Cliquetis
Du tic-tac
Des poulies,
Les roues-dents,

Le progrès.

Bracelets
Argentés
Des mains-hautes
Et du temps
Des prisons.

Montres et nous,
Si brillant
Sur le verre,
Un vernis
Aveuglant

Pour nos yeux.

SOIS TOI-MÊME

Crocodile empaillé
Sur momie de Ramsès,
Polards bien rédigés
Sur science-fiction.

Des images créées,
Sur le tri des désirs
L'ont tant atténué,
Transformant ce qui est

Pour nous faire rêver,
Nos angoisses calmer
Avant de retrouver
La vraie réalité.

Un calmant pour la vie
Que l'on ne connait plus,
Générateur d'envies
Par les pertes de vue.

Les valeurs sont changées
Sur l'écran de télé,
On ne se connait plus
À trop s'identifier.

JE NE T'AI PAS ENCORE RENCONTRÉE

Tu m'appelles.
Tu es en avance et tu m'attends,
À la commissure des lèvres
Ton sourire adressé au mien,
Ton regard tendre et expressif.

Un clin d'œil.
Ton premier pas me précédant,
Tu m'étreins comme une caresse,
C'est un baiser doux et si fort,
Si ressenti que le corps tremble.

Quand tes yeux
Fermés, les miens se closent,
Avant de se voir à nouveau,
C'est l'image sur nos pupilles
Qui nous rappelle l'inconnu.

Nos regards ont changé.

Certes enrichis, ils sont plus clairs,
Et lorsque nos mains se rejoignent,
Nos idées restent parallèles
Et nous prenons la même route.

UN RELEVÉ DE COMPTE

Relire avant de s'endormir,
Sur la douceur de l'oreiller,
L'histoire étrange, pour s'assoupir,
Du triste coté « Débité ».

Ensuite on relira « Crédit »,
Puis on reviendra sur « Débit »,
Et l'histoire sera finie
Jusqu'à demain, et pour la vie.

Quand chaque nouvel épisode
Ressemble tant au précédent,
Similarité de ce monde
Mais dans un ordre différent.

Il y a les chiffres et la musique,
Du rang des virgules dépend
Celui des valeurs et des risques,
Equilibre et douleur du temps.

MA REMISE

J'aimerais tant ma pièce unique
Quasiment vide et presque vierge ;

Quelques tapis, en pique-nique
Au cœur du temps, et sans les cierges.

L'air clair d'une douce musique
Se faufile entre les coussins
Et jusqu'à ce paradisiaque
Vieux matelas sans traversin.

L'âtre chaud fume dans un coin,
Un petit foyer chuchotant
Fait d'un feu de bûches et de foin
Qui se consume doucement.

Sur quatre planches et deux tréteaux,
Une vieille carte postale
Sous la poussière des rideaux
Fichés dans de si beaux murs pâles.

Ma pipe côtoie les ébauches
De mes poèmes, inachevés ;
La lueur vient puis s'effiloche
En se jouant des pierres usées ;

La cire chaude qui s'écoule
Entre les lignes et nœuds du bois ;

La flamme douce qui me saoule,
Anime la pente du toit.

Les chemins sinueux des troncs,
Refendus chacun en deux poutres,
Renvoient vers moi les sens et tons
Des sentiments qui sont les nôtres.

Le vieux fer à repasser gris,
Sur l'ancien fourneau des repas
De nos arrières-grands-amis,
Si tiède sous la cendre grise

Sur la dalle nue, une malle
Ressemble à ces vieux murs fichés
D'une fenêtre en simple salle,

Faite pour Vivre, ...
                    ..., et sans volet !

FONCER VERS LA VIELLESSE

Et tu montes dans ta voiture,
Tires sur le starter,
Là, bien calé dans la moulure
Du siège tu espères
Qu'il ne sera pas de bouchons
Et tu pars pour le grand plongeon.

Un coup de démarreur,
Vierge rétroviseur,
Tu mets le clignotant
En enfilant tes gants,

Puis un coup de volant,
La pédale pressant
Tu reprends cette route
Comme aveuglé de doute.

Toujours plus vite vers ton but
Pour passer au suivant.
Si l'on te parle tu dis "chut !",
Concentré sur le temps.

Tu as si peur du retard
Lorsque plus rien ne presse,
Peur du temps qui s'écoule,
Et tu roule pleins phares
Pour éblouir le stress
De savoir que tu roules.

LE 23 DÉCEMBRE À LA MAISON

Une belote au coin du feu
Avec le Patriarche ;
La truffe du chien déjà vieux,
Petit bigle de l'arche,
Posée auprès du feu.

Faire tourner sa chaise mais, « how ! »,
Et surtout ne pas battre,
Si tu désires enfin le jeu,
Car quoi que près de l'âtre,
« Chin battu revin pas a l'oustaou ! »

« Singlette et atout maître ! »,
Quand sous son grand capèu
Il n'avait pas tiré le mieux,
Le pli n'est pas pour nous,
Il a gagné, le Maître.

Échanges acharnés,
« Tiens, c'est à toi la donne ! »,
« Tache de donner bien ! »
« On attend que tu parles ! »
« J'en ai fait une bonne ! »
« Je finis de rouler! »

« Aqui de din, cent vingt à trèfle ! »
« Cent vingt cinq à carreau ! »
« Je remets du bois dans le feu ! »
« Ressers-moi un peu d'eau »
« Eh, chin, tu vas bruler ta piste ! »

« Cent trente cinq à carreau ! »
« Et cent quarante à trèfle »
« Cent cinquante à carreau ! »
« Et cent soixante à trèfle »

« Parole »,
« Parole »,
« Je coinche ! »
« Tu coinches ! »

« Trois cent vingt, t'as la main ! »
« Et fages pa lou coun ! »
« C'est une heure du matin »
« Fagas jamaï lou coun ! »

« Demain on fait les oreillettes
Avec Madame Pradier »
« Je fais la pâte après-midi »
« Histoire d'essayer
Claire viendra, c'est chouette ».

Et la dinde, ou le sanglier chasseur,
Puis les cardes et les treize desserts,
Treize exactement, pas un de plus,
Ni de moins, tradition à l'honneur,
Le poisson et les entrées qu'on ser-
vira aux trente parents venus.

Rien ne devra manquer, ni l'oncle de Barjac
Pour « l'avé Maria », ni le texte sacré
De la « Coupo santo », ni Papi pour le Pa-
pa Noël en allemand, pas de peur ni de trac,
Ni ceux déjà mariés, ni ceux qu'on mariera,
Ni aucun des autres messages d'amitié,

Les paroles si fortes venant des plus âgés,
Non plus celles des plus jeunes ni la gaîté,
Ni cette ambiance ni surtout le « Patriarche »,
A sa place depuis si longtemps consacrée,
Autour de la table face à la cheminée,
Foyer d'amour garni de buches et vieilles planches.

Le cigare à la fin du repas,
Le Patriarche puise dans sa
Réserve où il met ses bons tabacs
Qu'avec lui toujours on fumera.

Revoir la messe de minuit,
Partir en laissant la vaisselle
Sur la grande table à rallonges,
Après la plupart des amis
Finiront d'entre les nuits celle
De l'espoir au fond de leurs songes.

Dans la nuit du grand jour,
Là où la lune semble
Valoir mille soleils
De nos mois d'août le jour
Qui porteur d'Amour tremble
De ses couleurs vermeilles.

INGRATITUDE

Tout le monde est ici grâce à toi
Mais personne ne te le doit,
Ils sont là et rient entre eux, chez toi,
Tout le monde médit de toi.

Mais sans vergogne ils ont perdu
Le sens de la vie, la prison
De l'imagination qui fut,
De l'illusion d'être trop bons.

Tu as donné beaucoup, longtemps,
Croyant le vrai au fond de toi
Quand le cri sourd des trains partout
Fait de leurs illusions la joie.

Sur le miroir de leur victoire,
Ils croient avoir gagné un peu
Quand, sur le mur du désespoir,
Vit toujours le feu de tes vœux.

Ils seront morts si ce
N'est pas déjà fait quand
Nous vivrons toujours ce
Devenir romanesque.

TUMULTE

Les avions bombardiers bombardaient
Nos souvenirs et notre passé
Allumant un feu sombre étouffé
D'inquiétude et de pleurs sans fumée ;

Puis lorsqu'ils eurent fini et furent
Repartis ne restaient qu'à leur ailes
Accrochés les lambeaux, rien de plus,
Du profond de nos êtres en séquelles.

Ne restait après eux qu'une image
Si floue et déjà fausse n'ayant plus
De raison d'exister, c'est l'image
D'un temps passé dès lors révolu.

Le vide des ruines du savoir
S'était installé sur le sol froid,
Sous nos pieds. Nous savions ne pouvoir
Plus n'en parler qu'à tort, sans émoi.

Prendre maintenant tout ce qui passe
Sur la vide et la déserte route
Pillée par la peur et nos déroutes ;
Seul ici, oui seul l'air du temps passe.

Voyager sur l'espoir d'un futur
Depuis très longtemps condamné par
Le passé, le vital, les morsures,
Essayés en vain. C'est le départ.

Tendre la main vers tout ce vide qui nous cerne,
Dans les tourments de nos cerveaux trop grands pour y
Loger sans le perdre l'on ne pourrait moins terne
Petit grain de la simplicité de la vie.

Tendre la main vers tout ce vide et s'étonner,
Sur le drap recouvert de fumée des dégâts ;
De ne rien recevoir et ne pouvoir donner
Rien à personne car plus personne n'est là.

Tendre la main vers tout ce vide et très surpris
Ne, ne plus la voir car bouffée par le besoin
Immense de tendresse et d'Amour de la Vie,
Présent autour de nous, trop absent dans nos mains.

Soudain la terre tremble sous nos
Pieds et les vibrations nous emplissent,
Des ondes montant de bas en haut
Que notre civilisation prise.

C'est le bruit sourd, lourd, du métal sur le métal ;
De l'ignorance et du savoir sur le néant ;
Du pourquoi de nos actes, le quotidien banal,
Eternelles journées sans après ni avant.

C'est la réalité d'absence de fusion,
De toutes ces rencontres, réelles et bien trop rares ;
C'est la raison de trop de contacts inféconds
Et qui des amitiés retardent le départ.

C'est le sens de ce choc sans appel,
De la puissance démesurée,
De l'argent, du temps pour le gagner,
Et ces valeurs bien trop matérielles.

C'est l'image d'un monde peuplé d'inconnus,
Si nombreux et si proches qu'ils ne se voient plus ;

C'est l'image d'un monde où trop peu se pardonnent,

De ce monde où chacun n'est plus là, ...

..., pour personne.

L'AMOUR FILIAL

Non, je n'ai plus sept ans,
Trois fois et même plus,
Dans quelques jours d'un an
Fête d'un an de plus.

Je ne sais plus combien,
Avec tout son retard,
De temps pour le destin,
Avec tout son savoir.

Mais tant de choses encore
Me troublent, vous savez,
Et tant de ces aurores
Où je m'éveillerai.

Vous savez déjà tant
De ce que je découvre,
Vous connaissez d'avant
Les chemins qui s'entrouvrent,

Des ennuis qui m'attendent,
Puis les joies à venir,
Et le besoin d'atteindre
Le temps du devenir,

Le semblant d'abandon
Partiel de ses racines
Sans demander pardon
Aux filiales victimes.

Ressembler au coupable
Du plaisir de l'Amour,
Et puis être capable
De le vouloir toujours.

Mais un jour, sans nul doute,
Sur une grosse larme
Versée dans ce vacarme,
Nous croisant sur la route,

Ne suffira de toi
Qu'une étreinte, Papa,
Et dans l'air d'un instant
D'un sourire, Maman,

Pour effacer le temps
Passé si loin du corps
Cherchant de votre enfant,
Effacer les remords.

T'APPRÉCIER PAR TES RIDES

Qui donc a remarqué les rides
Qui passent dans la rue,
Où l'on peut lire chaque bride
De ce qu'ils ont vécu ?

Cette ligne pour la jeunesse,
Le souci des études ;

De sombres histoires de fesses,
Marques d'une vie rude.

Voici le front sans ligne,
Sans expression, la plaine
Des mornes vies sans guigne,
Vies sans joie, et sans peine.

Là, les bajoues du bon vivant,
Couleur de vin, rouges de sang ;

Les traits tirés des gens trop stricts
Tracés aux angles vifs des briques.

Ici le vagabond cherchant
Un abri pour la nuit,
Son bras et sa main prolongeant
L'histoire de sa vie,

La paume ouverte vers la lune,
Dans son sommeil léger,
Recroquevillé sur la dune
De graviers du chantier.

Ces traits épars, parcimonieux,
Sur les fronts et les joues,
Les signent des jeunes aux plus vieux,
Quand sur tous le temps joue.

Il marque d'un sceau plein d'attrait
Le charme du vécu,

Le labyrinthe du passé,
Et des espoirs déçus.

Mais les expériences à venir
Se dessinent déjà
Sur le miroir du devenir,

Couvert ... du lin ... d'un drap.

LE BESOIN

Il est au fond de nous
Un si grand et sauvage
Naturel empirique
Provoquant le dégout,
Même chez les plus sages,
Sans nulle arithmétique.

On en sait pas pourquoi,
Ou on le sait trop bien,
Il n'est plus de milieu
Nuancé, on est là ;
Il n'est ni mal ni bien
En modulant le feu.

Lorsqu'il nous prend il est
Maitre de tout et nous
En subissons la loi.
Certains vont résister,
Mais ils subiront tout
Autant sous son pavois.

Il plonge ses racines
Au fond de nos faiblesses,
Dans tout le refoulé,
Et puis remonte aux cimes,
Et au fait des détresses,
Par ce qui nous manquait.

Voiles dehors, il prend
Situation en main,
Décide des actions,
Subordonne les sens,
Agit sur le destin,
Décide des matins.

C'est pour lui, et pour nous,
Contre tant de promesses
Et au gré des chagrins
Attisés de la vie
Que naissent des prouesses,
Qu'on est dans le pétrin.

Il est obligation
Pour arriver au but,
Et à travers ses soins
L'erreur est la notion
Qui ne nous convainc plus ;
Le maître est le besoin

LE DÉSIR

Dans les antres de nos entrailles
Le labyrinthe de l'enfer
Se continue par nos viscères
Et à grands coups d'incompris taille
Là tous les « pourquoi » du mystère
De nos actions si singulières.

Remontent quelques fois au jour,
En atteignant l'avant-cerveau,
Quelques sentiments conscients.
On dit alors « jamais », « toujours »,
On se noie dans la flaque d'eau
Ou on rejette, intransigeant.

Quoi donc de plus dans nos rapports
Avec notre « moi » intérieur,
Quoi donc sinon qu'en lui se trouve
Le pourquoi de tous nos trésors,
Ainsi que de tous nos malheurs
Les si sinistres et sombres douves.

Pour ne parler que des
Premiers je choisirais
La clef de nos avoirs
Qui nous fait avancer
Vers nos futurs progrès,
Et nous pousse à vouloir.

Il est plus raffiné
Qu'un vulgaire besoin,
En plus il sait attendre.
Le temps peut l'affiner
Et en prendre grand soin,
Toujours mieux l'entreprendre.

Mais s'il se gâte alors
Il perd sa dignité
Et sa grande finesse,
Il n'est plus un trésor,
Devient vulgarité
Et agite détresse.

Savoir le conserver
Est de grande sagesse
En source de bonheur.

Je n'ai fait que citer,
Et avec mes faiblesses,
Le désir en nos cœurs.

L'ENNUI

Dans nos vies quotidiennes,
Et nées d'histoires anciennes,
Les vagues de la mer
Préparent le désert
D'un futur qui n'aura
Qu'un passé morne et plat.

Il est bien de ces choses
Qui nous semblent animer
Toutes vies par des proses
Sur ce qu'on aimerait,
Sur ce qu'on aimera
Quand l'instant changera.

Il est tant de chemins
Balisés qu'on ne sait
Plus où est le destin
Duquel nous sommes nés,
Que l'on ne connait plus
L'incertain de ces rues.

Préparer sa vieillesse
Et préparer demain,
Oublier la tristesse
Sans montrer ses chagrins,
Aplanir le bonheur
En limitant les heurts.

Etre si bien chez soi
Que l'extérieur déçoit,
Etre si bien chez soi
Car il n'y fait plus froid,
Et l'on devient douillet,
On a peur d'essayer ;

De sortir sous le ciel
Car des nuages viennent,
Mais qu'à cela ne tienne,
Lorsqu'il est bleu, le ciel,
Le soleil est si chaud,
C'est mauvais pour la peau.

On attend sous les lampes
Artificielles les,
Les rassurantes rampes
Où pouvoir s'accrocher.
Se retourner sans cesse
Sur un lit de paresse.

On est si bien chez soi
Quand personne n'est là,
À l'ombre de nos toits.

L'habitude se boit
Comme un poison banal,
L'ennui reste le mal.

L'ENVIE

Ce n'est pas du désir,
Moins noble, le besoin
Est bien plus vil que lui.
Il tient bien du plaisir,
Mais aussi de l'instinct,
Raisonné, assagi.

Quoi qu'il décide aussi,
Plus bref que le désir,
Moins fort que le besoin,
C'est dans l'instant qu'il vit.
Il n'est jamais martyr,
Mais déception, ou bien,

C'est la joie de l'instant,
Souvent vite estompée.
Le pourquoi de nos jours
Est en lui très souvent,
Quelques fois ignoré
Il en reste bien là.

Un rayon de soleil
Au reflet du miroir
Et nous sommes aveuglés.
Un point sur l'aquarelle
En efface le noir,
Nous sommes hypnotisés.

Il n'est plus de pourquoi
Mais il en est la chose
Ou l'être devant nous.
Il n'est plus que l'émoi
Qui seul sur nous repose,
Sans dessus ni dessous,

Et l'on est persuadé
De sa nécessité,
Et l'on commence à croire
En l'inutilité
Comme un sauveur caché
Au fond de nos déboires

Comme le rien qui nous
A tellement manqué,
Qu'on ne connaissait hier,
Il en devient tabou
Né de vapeurs sucrées
S'élevant sur les pierres.

Telle une percussion
Son bruit sourd et violent
Pénètre et nous emplit,
Mais il n'est qu'illusion,
Ce si fort sentiment
Que l'on nomme « l'Envie »

L'AMITIÉ

Seul, bien trop seul souvent ;
Seul, seul bien trop longtemps,
Source des maux du temps
Passé cherchant l'avant,
L'envie digne des sens,
Simplement le présent.

Cette absence acharnée
Sur la pluralité
Qui d'espoirs en émois ;
Absence déchainée
Sur des traits irrités
Du besoin d'au moins trois.

Palier par de l'argent,
Et l'illusion à nu
Comme calmant nocif,
Au vide de ce temps
Passé dans d'autres rues
À des choses factices.

Toucher la société
Qui convient, temps passé
D'amour et rires vrais
Emmêlés, échangés,
Quiétude, instant posé
Sur la table cirée.

Demande d'un air d'unité
Sans aucun besoin d'en parler,
Un climat de sincérité
Sur une absence de pitié,
Par l'action désintéressée
Sur un accord immodéré.

Etre deux, c'est trop peu ;
Etre tous, idéal,
Etre ensembles alentour
Pourrait être le mieux,
Faisable dans le mal
D'union qui nous entoure.

Besoin de plus de deux,
À commencer par nous,
Si peu déjà liés,
Union par points et nœuds
Nous reliant à vous
Par des liens d'Amitié.

LA LIBERTÉ

Il est un grand rocher
Au milieu du désert,
Nu dans l'immensité.
Du sable est à ses pieds,
À moitié recouvert
De ses débris usés.

L'immense est alentour,
Rien ne tâche le sol,
Le ciel à l'horizon
Dessine les pourtours
Et quelques oiseaux volent
Dans un ciel bleu sans fond.

Puis le cri d'un rapace
Déchire le silence
Le temps d'un souvenir.
Il traverse l'espace
Et l'oiseau se relance
Pour mieux y revenir.

Sur ce rocher, un homme
Assis sur le granit,
Contemple l'alentour.
Il ne fait plus la somme
Des désirs, des envies
Du lourd poids de nos jours.

Il n'est pas désireux
De l'instant à venir,
Il aime le présent.
S'en aller, il le peut.
Il connait le désir
Et ses maillons d'encens.

Il a payé très cher
Pour venir jusqu'ici
Et posséder l'instant,
Même s'il est désert,
Même s'il est transit,
Il lui est cher, son temps.

Il a abandonné
Ce qu'on lui imposait
En le voulant lui même.
L'instant, il l'a changé
En désirant les faits
Tels qu'ils sont, pour eux mêmes.

Assis sur ce rocher,
Il est maître de lui ;
Il ne peut regretter,
Il ne peut s'ennuyer
Car c'est lui qui a choisi.

Il vit sa liberté.

LA SOLITUDE

Quand les ombres ne passent
Plus devant la caverne
Où le jour a déçu
Ce temps qui se dépasse,
Qui rattrape et qui saute
Sur des liens décousus.

Tenter de repriser
Le tissu élastique
Des sentiments blessés,
Expliquer les méprises,
Tenter le plus pratique
Pour enfin remiser.

Mais sur la table ronde
Plus rien ne fait plus rien,
Plus personne n'est là,
On se sent seul au monde,
Il n'y a plus d'entrain
Et l'on parle tout bas.

Tout te semble grandi,
Tout le temps, tout l'espace,
Problèmes et désespoir.
Tu te tais, ou tu cries,
Tu restes ou te déplaces
Dans des journées trop noires.

Et puis c'est le grand calme
Assassin qui t'étreint,
Remplace la présence
De cette eau près des palmes.
Sans bouger tu atteins
Un état de silence.

Tu ne vis plus vraiment,
Tout devient mécanique
Quand les obligations
Ont remplacé le vent
Qui portait, sympathique,
Les espoirs d'illusions.

Puis tu ne bouges plus,
En n'attendant plus rien,
Recouvert peu à peu
Des grains ne tombant plus
Qu'un à un, grain à grain,
Du sablier silencieux.

Tu te sens disparaitre
Dans l'oubli de chacun
Et dans leurs habitudes.
Tu as fermé ta fenêtre
Sur tout et sur aucun,
Mort dans la solitude.

L'INUTILITÉ

Demain sera comme aujourd'hui,
C'est à dire rien de nouveau,
Rien de fait de vraiment nouveau.
Rien de plus ne sera bâti
Et l'on verra couler les eaux
D'un fleuve sans fin, sans niveau.

Le soleil tourne en rond,
La lune en unisson
Tout autour de la terre,
Au son d'un mirliton.
Une pluie grabataire
S'abat sur l'horizon.

Les colonnes d'un feu
Allumé dans le fond
Vont grossir les nuages
Dans un matin brumeux,
Sans projet ni raison,
Entraînant les rouages

D'une machine folle
Fabriquant l'illusion
D'un « Moi » fondamental
Au fond des paraboles.
C'est un air sans raison,
C'est un adieu mistral.

Demain, un long matin
Sans plus d'après-midi ;
Plus rien ne sert, non, rien,
Demain n'est que destin
Vécu sans appétit.
C'est l'inutilité.

L'ÉCUREUIL, L'OIE ET L'INSPECTEUR

L'Oie gardait maison d'Écureuil,
Actions et porte-feuilles,
Créant un sentiment
Ardu, profond, d'étouffement.

Mais cette oie égoïste
Donne peu pour beaucoup,
Le tracé de sa piste
Est parsemé de trous.

Désirant un semblant
De la vraie liberté,
Tout victime et tremblant
L'écureuil s'élevait

Toujours vers les rameaux,
Vers les feuillages où l'oie,
Regard perçant n'y voit
Que du vert, des oiseaux.

Colombo cueillait les noisettes
Du crime, un livre tropical
Dépassait des plis de sa veste,
Marmonnant des phrases banales.

Sur l'ouvrage étaient des bananes.
Lassé des noisettes trop dures,
Pour ce régime de bananes
Dessus, dessous, tous deux s'en furent.

D'amitié l'inspecteur s'éprit,
Emmena le rongeur chez lui.
Sur son poil fin, couleur de feu,
L'âtre fumant chacun s'émeut.

L'illusion travaillant,
Blottis au coin du feu
Fusaient les sentiments.
Ils s'aimèrent tous deux.

L'écureuil n'oubliait pas l'oie,
Ni leurs amours, ni leurs ébats.
L'oie n'oubliait pas l'écureuil,
Certes ne veillant que d'un œil,

Ni cette dinde dans sa vie
Qu'elle croyait aimer aussi.
L'écureuil pensait Colombo,
Colombo pensait l'écureuil.

Histoire de papier filigrané,
L'oie tenta d'acheter l'écureuil qui
S'éloignait d'elle, tout petit à petit,
Insensiblement, mais il s'éloignait.

L'illusion du rêveur Colombo
Ne pouvant pas non plus le berner,
L'écureuil joue sur les deux tableaux
En sachant les dessous, les pieds de nez,

En connaissant les bêtes à plumes
Qui s'ignoraient toutes les deux
Au cœur d'une histoire qui fume
En les liant de sacs de nœuds.

Chemin et temps passant,
L'illusion et l'argent
Lassèrent l'écureuil
Au fond de lui très vrai,
Faisant fi des écueils
Ne pouvant le couler,
Surtout pas le mensonge,
L'argent et l'illusion.

Il repart et il plonge
Avec résolution
Vers des êtres plus vrais
Partageant ses pensés.

Colombo rencontre la dinde,
Et pour l'oie c'est la bête à plumes.
Ensembles tous les trois se scindent
Dans un lit, matelas de brumes.

Deux êtres peuvent en cacher deux
Autres même s'ils ne font qu'un.

LES CIGARETTES DE LA MORT

Il est assis sur la chaise de bois,
Son corps dessinant un trois stylisé,
Tête penchée et les yeux vers le bas,
Le dos cassé, courbé sur le dossier.

Une main repliée sur ses genoux,
Un pied sous lui et qui pointe le sol,
L'esprit brumeux sans dessus ni dessous,
Un bras lourd sur la ligne des épaules.

Passe par le coude vers une main
Lourde et lasse, imprégnée de nicotine
Froide, cette peau jaunie où le destin,
Dans les taches du manque qui le mine

S'est inscrit dans des semblants d'auréoles.
On voit en lui une statue figée,
Plus rien ne subsiste des idées folles
Ayant étés en un temps trépassé.

SOCIÉTÉ DES CARTES

Tarot par ci, tarot maudit,
J'ai une poignée de ces cartes,
Petit format et de crédit,
Qu'ignorait notre Bonaparte

Et par lesquelles il aurait pu
Acheter sans payer de suite
Ses geôlier qui l'on vaincu
Avant d'emprunter sur sa fuite.

Société de carton fort,
Sacré coquin, coquin de sort !

Joues-tu la bleue, joues-tu la rouge,
Rejoues-tu ou veux-tu partir ?
Attends, prends garde, surtout ne bouge
Plus car les billets vont sortir.

Aller retour dans le juke-box,
Douce musique, joues-tu pour moi ?
Tout doux, ce n'est pas de la boxe,
Tu payeras vers la fin du mois.

Société de carton fort,
Sacré coquin, coquin de sort !

Attends, ne paie par virement,
Paie donc par carte, rapidement,
Demande de l'argent et prend
Cet anonyme sentiment.

Ce sont des cartes pour les sous,
Ce sont des cartes pour l'essence,
Cartes pour se cacher dessous,
Des cartes pour couper les sens.

Société de carton fort,
Sacré coquin, coquin de sort !

Des cartes blanches pour l'amour,
Cartes pour l'illusoire et pâle,
L'argent sur papiers aux pourtours
Réguliers de cartes postales.

Parler à la dure machine
Par un code confidentiel,
Secret pour relations intimes
Qui toujours plus impersonnelles.

Société de carton fort,
Sacré coquin, coquin de sort !

Bientôt des cartes de
Santé pour le sida,
Présentées entre deux,
Décidant des ébats.

Société de carton fort,
Sacré coquin, coquin de sort !

UN MÉGOT DANS LA SEINE

Allez, une deux et trois routes
Traversées dangereusement,
Entre les chiens de la déroute
Montrant leurs dents aveuglément.

Sur le quai les petits pavés,
D'une fine bruine mouillés,
Raisonnent encor' des pas lassés
De tous ces gens bien trop stressés.

Redescendant les escaliers,
Faits de ces vielles pierres usées
Des pas, de bottes ou de souliers
Divers, smokings ou bien capés ;

Des jeans usés, des jupes courtes,
Les uniformes, robes et volants ;

Des gens du peuple et hautes cours,
Des misérables et pleins d'argent.

Cette eau sale au bord de la berge
Sinue entre les bords des rues
Bordées de tessons qui émergent,
Des murs de pierres mises à nues ;

Les joints bouffés par la fumée,
Et les oxydes dégagés ;
Tous ces gens sombres et attristés
Par l'impuissance et mal armés

Pour supporter de ne pouvoir
Aimer ces gens sur les trottoirs.

Chaque lutte par désespoir,
Par peur de rester dans le noir.

Rouge sang des combats anciens
Et à venir mettaient de la
Couleur sur le tableau des hyènes ;

Pinceaux contre fusils, Ta! Ta !

Une tache d'huile sur l'eau,
Rehaussée d'un sac en plastique
Évadé d'un de nos tuyaux,
Nos mains rejetant leur cynique.

Des vaguelettes sur la mousse,
Qui malgré notre trafic pousse,
À nos pieds calme et sans souci.

Nous regardant, elle sourit.

Intersection de Saint-Louis,
Rassemblement calme des eaux,
Des poissons et tant de débris
Qui s'étaient séparés plus haut.

Fluide bien canalisé,
La Seine coule devant moi ;

Entre nos lois et nos péchés ;

Vers l'océan de nos « pourquoi ? ».

De magnifiques monuments
S'élèvent de l'autre côté ;

Quelques péniches, lentement,
S'en vont bien plus loin accoster,

Passant sous tous les ponts voûtés,
Splendides témoins du passé,
Des tortures et des mains liées,
Des fastes de rois décédés.

Je suis assis là comme un con
Qui ne pourra rien y changer ;

Je peux chanter sur un violon,

On n'entend plus l'amour couler.

Après des ans de témoignage,
Après de mois de privation,
Après des années de partage,
Et après tant de sensations ;

Il n'en peut plus, il aime
Trop la Vie et, il t'aime ;

Mais toi, sur ce trottoir si blême
Qui sait si tu le sens de même ?

Saurais-tu partager, aimer,
Sans chichi, oui, aimer vraiment ?

Saurais-tu vraiment regarder
Dans les yeux d'un simple passant ?

Toi qui passes et que je n'ai pas
Rencontré dans mes yeux vois-tu
Qu'il n'est pas de serment, il y a
Seulement ton absence tu,

Tu as manqué à mes poèmes
Et à mes notes de guitare ;

Tu manques tant à mes « je t'Aime » ;

Tu me manques et il se fait tard.

Je finis ma dernière blonde ;

La pluie qui tombe et la nuit vient ;

Je pense à la terre féconde

Et jette un mégot dans la Seine.

DIS-MOI, PAPÉ !

Dis moi, Papé ;

Rien n'a changé
Depuis le temps
Si long que je
Parle d'amour
Autour de moi.

Dis moi, Papé ;

Je parle à Dieu
De temps en temps,
Et tout le temps
S'il est l'Amour.

Dis moi, Papé ;

Mais le bon Dieu
Doit être alors
Très seul, l'Amour ;
Et bien plus seul
Que le mauvais.

Dis moi, Papé ;

La jeunesse,
Ne me semble
Pas si belle
Que le disent
Les plus vieux.

Dis moi, Papé ;

Vivre, mais vivre,
Dis qu'est ce que ça
Veut dire au juste,
Mais qu'est ce que c'est
Donc aujourd'hui ?

Dis moi, Papé ;

Les pilules et dragées
Qui vendues à tous vent
Aujourd'hui n'importe où
Et pour n'importe quoi,
C'est pas des jeux d'enfants.

Dis moi, Papé ;

Je suis trop seul,

Et à présent
Ressens les autres.

Pour partager,
Ils sont ailleurs.

Dis moi, Papé ;

Pourquoi ont-ils
Si peur de tout,

Si peur de vivre
L'Amour ou bien
L'Amour ensemble ?

Dis moi, Papé ;

J'suis pas foutu
Car Tu es là,
Mais différent.

Je n'suis peut être pas
Ce que d'autres espéraient ;

Je suis moi, …,
                    …Tu comprends !!

DIS LEUR, ..., PAPÉ !!

UN ARTISTE

Un artiste, c'est un message,
Un artiste, ce n'est qu'un cri,
C'est le cri de tous ceux
Qu'on oublie trop souvent,
Ou qu'on oublie tout court ;

C'est le cri de chacun !

Un artiste, c'est un miroir,
Reflétant le présent,
Ressentant notre temps,
Et qui entend ceux qui
Ne peuvent plus parler,
Plus parler assez fort.

Un artiste, c'est un relais,
Rendant les vibrations
D'Amour et de beauté,
De tristesse et laideur ;

C'est un témoin vivant
Devant ce qui est Nous.

Un artiste, c'est un passant,
Percevant l'alentour
Et ces ondes invisibles
Qui du temps et des autres,
Des espoirs oubliés,
Des pierres et sentiments.

Un artiste, c'est un ami,
Si souvent un voisin,
Qui sait t'aimer vraiment,
Se taire et t'écouter,
Vieillir sans t'en parler,
Surtout sans t'en charger.

Un artiste, c'est anonyme,
C'est Toi, c'est moi,
C'est impalpable,
C'est entre nous
Et entre tous.

Un artiste n'est que quelqu'un,
C'est cet homme, cette femme,
C'est cet être sensible
Exprimant simplement
Ce qui est en chacun
Si souvent refoulé.

C'est tout, …, et simplement.

LE BONHEUR TIENT À PRESQUE RIEN

Quand on lui dit « Qu'est ce qui te manque ? »
Il répond « Presque rien, presque rien ! »

Les rouages entrainant les aiguilles
De la pendule sont arrêtés,
Tout se fige.

Enfermé dans la chrysalide du temps
Passé à travailler pour on ne sait qui,
On ne sait pourquoi mais on sait
Que ce qu'il faudrait c'est presque rien,
Presque rien, minuscule à coté
De tout ce chaque jour fabriqué
Par lui dans l'usine ou l'atelier.

« Qu'est ce qui te manque ? »
« Presque rien, presque rien ! »

Quand sonne son réveil
C'est très tôt, il s'éveille.
Dans le petit matin, il fait froid
Dehors, chez lui, au lit,
Et couché à coté de personne.
Tass' de café brulant, puis une autre,
Rien à faire, car ce froid, c'est l'absence.

Il sort, va fabriquer
Des choses sans raison.
Il sort, vont s'enliser
Un peu plus ses espoirs
Dont ne sont que lambeaux.

« Qu'est ce qui te manque ?" »
« Presque rien, presque rien ! »

Allongé sur son lit d'hôpital,
Mortellement touché, faute professionnelle,
Trop de nuit sans pouvoir dormir comme il faudrait,
Terrible fatigue des nuits blanches
Où il ne supportait d'être seul,
Il recherchait encore
Ce petit rien si simple et gratuit
Qui lui aura toujours manqué
Malgré son bon salaire, ses heures supplémentaires.

Seuls quelques mots si simples
Ont bloqué la pendule.

BLESSURE ET BEAUTÉ

J'ai construit des structures
Que je croyais si dures,
Et si définitives,
Mais les coups de mon cœur
Ont su les ébranler.
Seules intactes, les bases,
Flexibles et adaptables.

La surface est blessure
Jamais cicatrisée,
Vraie vie en profondeur
Vers les forts sentiments,
Bien au dessus des corps,
Bien sûr cet idéal,
Dans des trous d'air mobiles.

La beauté n'est que celle
Du jour, même la nuit,
Qui des sens non physiques
Monte du fond de nous,
Monte de nos entrailles,
Fi de publicité
Et des livres d'images.

LE CANCER DE L'ABSCENCE

Dernière porte fermée puis plus rien.
La pièce emplie de fumée, de goudron,
Et l'asphalte de chaque jour s'empreint
Des marques et de l'impact de chaque "non !".

Chaque barrière et chaque mur fermant la vie
Qui était à portée de main, portée d'espoir,
Si près de tant de possibilités d'envies
Et pourtant condamnée à rester dans le noir.

Rallume le, tire en un, tire en deux,
Une de plus, une de moins, qu'est'ce que ça fait ?
Déchiré par ce qu'il voulait, par ce qu'il veut,
Et l'absence enfilée sur le fil d'un fleuret.

La contamination progressive du sang,
De globule à globule, nerf brisé à nerf sain,
En dépérissement progressif du présent
Quand le soleil s'en va se coucher sur demain.

Mais agité de convulsions désordonnées
Il se débat contre tout ce qui le démange,
A portée d'illusion, à portée d'amitié,
Refusé, furtif comme le vol des mésanges.

Ses mains sont vides, vides comme ce temps perdu
Vaporeux, semblant plus volatil' que l'essence,
Plus qu'un seul numéro : S.O.S. temps perdu.

Son mal le ronge, le mine, bouffé par trop d'absence.

UNE BALLADE

On se ballade ensemble,
Phil et sa cigarette,
Véro et son pétard,
Claude sur sa seringue
Et Domi sur sa flemme.
Des trucs pour oublier.

Un peu plus de rimmel et des bottes cloutées,
Des jupes bien trop courtes et des blousons de cuir,
Ils n'ont que l'embarra d'un choix trop réduit pour
Tenter l'identité au sein de l'anonyme
Des jours perdus, trop longs, qui toujours se ressemblent
Dans la douce illusion du monde des médias.

Abandonnés dans le béton,
Nouvelles familles se créent,
Faire l'amour pour s'évader,
Couples éphémères et capitaux.

Les nudités du corps sensations
Ne sont plus rien à coté de celle
De ces jours, ces espoirs condamnés
Au sein des oubliettes communes.

L'OUBLI FORCE DE SOI

S'endormir tous les soirs,
Perdu au fond du noir
De la pièce des sens,
Poser au pied du lit
En vrac les sentiments
Cultivés aujourd'hui.

Les reprendre au réveil,
La journée sans parole,
Personne à l'appareil,
Trier des idées folles.

Tous les sens oubliés
Détruisent les années.

QUELQUES MOTS

Quelques mots échangés m'ont laissé
Espérer à nouveau en demain,
Envers ce vent qui toujours me saoule
Dès que je mets les pieds au jardin.

Ses nuages dessinent à nouveau
Les prairies immenses de la vie
Où l'amour se bronzait sans pudeur
Prenant calmement l'instant venu.

Quelques mots échangés m'ont laissé
L'adresse des verts prés de ton âme,
Les marguerites s'effeuillent au vent
Des rêves mystérieux de la vie.

Les ondes de ton corps ombrageant
La pureté du jour disparaissent.

Tu es venue vers moi sans pudeur,
Prenant calmement ma main tendue.

Éditeur : BoD-Books on Demand, 12/14 rond point des
Champs Élysées, 75008 Paris, France
Impression : BoD-Books on Demand, Norderstedt,
Allemagne
ISBN : 978-2-322-157501
Dépôt légal : Aout 2018